Julius de Goede

Kalligraphie für Einsteiger

Schönschreiben lernen
Übungsbuch

AUGUSTUS VERLAG AUGSBURG

CIP-Titelaufnahme der Deutschen Bibliothek

Goede, Julius de:
Kalligraphie für Einsteiger : Schönschreiben lernen / Julius de Goede.
[Aus dem Holländ. übersetzt von Sebastian Holz]. –
Augsburg : Augustus-Verl.

Übungsbuch. – 1990
ISBN 3-8043-0140-1

Aus dem Holländischen übersetzt von Sebastian Holz

AUGUSTUS VERLAG AUGSBURG 1991

Satz: 10½/12 P. Trump Mediaeval von Utesch Satztechnik GmbH, Hamburg
Druck: Appl, Wemding
Printed in Germany

ISBN 3-8043-0140-1

Inhalt

Einleitung: Gebrauchsanweisung zum Übungsbuch

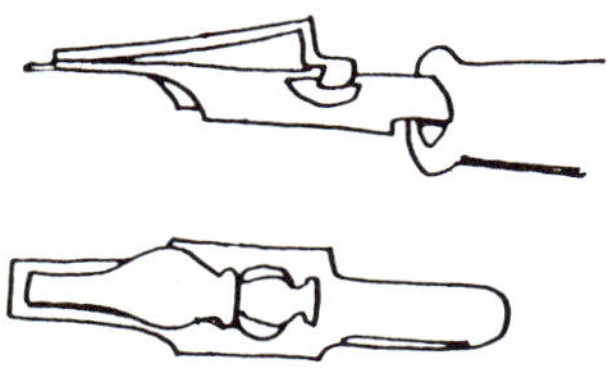

Das Übungsbuch ist eine Ergänzung zum Lehrbuch „Kalligraphie für Einsteiger". Jede Doppelseite enthält Übungen zu einer Schriftart, welche im Lehrbuch ausgiebig behandelt wurde.

Man sollte nicht unvorbereitet in dieses Buch schreiben. Zunächst muß man auf kariertem und liniertem Papier die nötigen Übungen durchgeführt haben. Die Übungen hier sind nur als Kontrolle der eigenen Fähigkeiten gemeint.

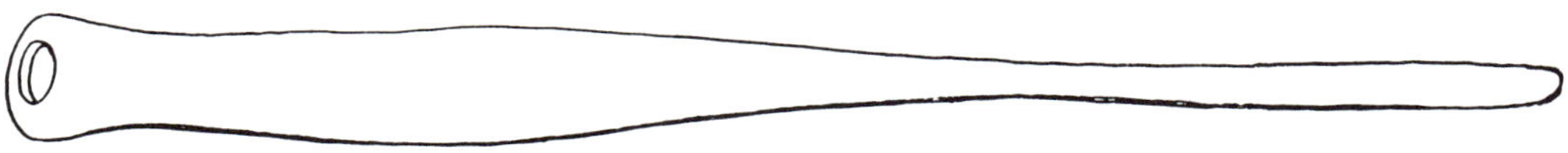

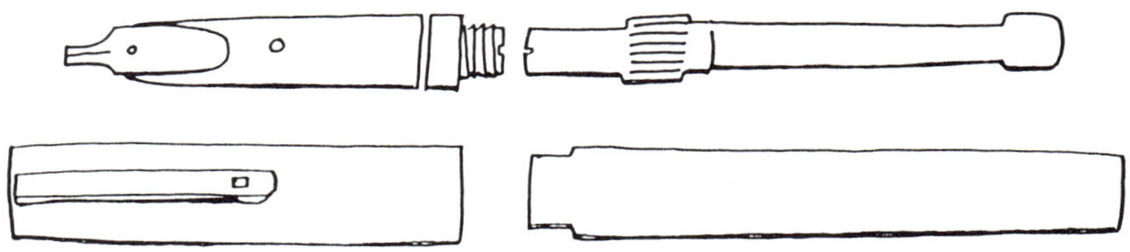

Breitfedern sind als Eintauchfedern und als Füllfederhalter erhältlich.

Der Schreibwinkel oder die Federstellung ist der Winkel zwischen der Federspitze und der Schreibzeile. Dieser Winkel bleibt während des Schreibens konstant.

Für die ersten Übungen sollte man einen Filzstift oder eine schmale Plattenfeder, z. B. Redisfeder mit einem Durchmesser von 1,5 mm benutzen. Danach benutzt man eine Breitfeder: einen Füllfederhalter oder eine Eintauchfeder mit einer Breite von 1,5–2 mm.

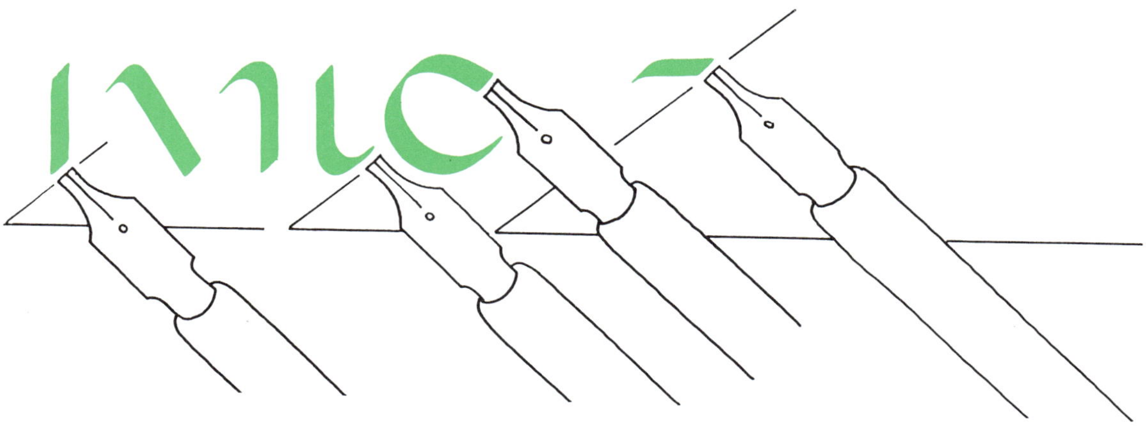

Rechtshänder legen das Buch gerade vor sich auf den Tisch, Linkshänder drehen es um eine Vierteldrehung. Mit einer Spezialfeder für Linkshänder kann man das Papier auch schräg legen.

Wichtig ist, daß jeder Kalligraph eine Federhaltung von ca. 20° bis 40° beachtet; dies ist abhängig von der jeweiligen Schriftart. Man sollte das Buch so vor sich legen, daß die dünnsten Linien mit der Breitfeder leicht geschrieben werden können. Die Liniendicke wird bei jeder Schriftart angegeben.

Es empfiehlt sich, unter die Schreibhand ein Stück Papier zu legen, so daß das Papier nicht fettig werden kann. Auf fettigem Papier bleibt die Tinte nicht haften.

Der Rechtshänder legt das Papier gerade auf den Tisch, der Linkshänder dreht es um 90°. Auch kann der Linkshänder mit schräg liegendem Papier arbeiten.

Auf jeder Doppelseite stehen besondere Anweisungen zu den betreffenden Übungen, für genaue Anleitungen sollte man das Lehrbuch verwenden. Beide Bücher sollten einander ergänzen.

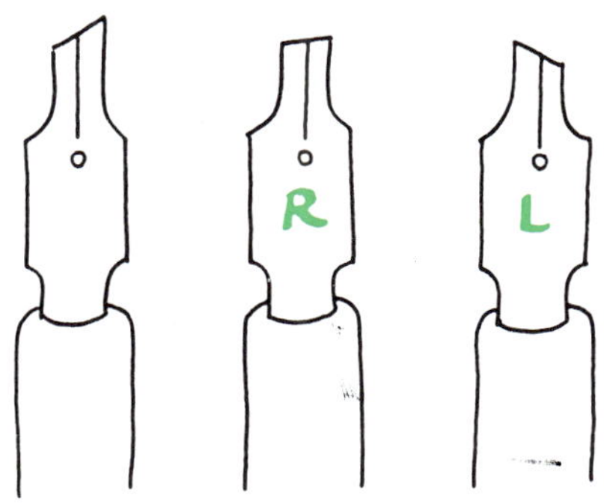

Die Breitfeder. Die normale Breitfeder hat eine gerade Spitze und ist sowohl für Rechtshänder als auch für Linkshänder für alle Kalligraphien geeignet. Eine Feder, die nach links abgeschrägt ist, ist für Linkshänder hergestellt. Die Feder, die nach rechts abgeschrägt ist, ist für Rechtshänder und für Schriftarten mit einem kleinen Schreibwinkel entwickelt.

1. Basisalphabet Großbuchstaben mit dem Filzstift

Übung zu Seite 17ff des Lehrbuches. Dort wird die Schreibtechnik behandelt. Erst auf kariertem Papier üben.

Arbeitsmittel: Filzstift oder Redisfeder 1 mm. Bei Filzstift darauf achten, daß die Tinte nicht durchs Papier dringt, ansonsten anderen Filzstift verwenden.

Auf die richtige Lage des Papiers achten.

ABCDEFGH

VWXYZ

DRESDEN

IJKLMNOPQRSTU

AUGSBURG

BERLIN CHUR

2. Basisalphabet Großbuchstaben mit der Breitfeder

Übung zu Seite 24 ff des Lehrbuches, Schreibtechnik wird dort beschrieben. Erst auf kariertem Papier üben.

Arbeitsmittel: breiter Füllfederhalter oder Eintauchfeder 2 mm, Federbreite variabel von 1,5 mm bis 2,5 mm.

Federstellung ca. 30°, bei bestimmten Strichen wird die Federstellung verändert. Siehe hierzu das Lehrbuch.

Auf die Buchstabenbreite und die Spationierung achten.

ABCDEFGH

UVWXYZ

GERHARD

IJKLMNOPQRST

HERMANN

IGOR JOACHIM

3. Basisalphabet Antiqua mit dem Filzstift

Übung zu Seite 29 ff des Lehrbuches, Schreibtechnik wird dort beschrieben. Erst auf kariertem Papier üben.

Arbeitsmittel: Filzstift oder Redisfeder 1 mm.

Auf die richtige Lage des Papiers achten.

abcdefghijkl

Maria

Regina

mnopqrsßtuvwxyz

Ottilie Petra

Sabine Theresa

4. Basisalphabet Antiqua mit der Breitfeder

Seite 30f des Lehrbuches beschreibt die Technik. Erst auf kariertem Papier üben.

Arbeitsmittel: breiter Füllfederhalter oder Eintauchfeder 2 mm, Federbreite variabel von 1,5 mm bis 2,5 mm.

Federstellung konstant ca. 30°.

Auf Gleichmäßigkeit in Größe und Richtung achten, auch auf Gleichmäßigkeit in der Buchstabenform und den Bogen sowie auf die Spationierung.

Auf die richtige Lage des Papiers achten.

abcdefghijkl

Amerika

Deutschland

mnopqrsßtuvwxyz

Brasilien China

England

5. Basisalphabet Kursive mit dem Filzstift

Für die Technik siehe Seite 32 des Lehrbuches. Erst auf kariertem Papier üben.

Arbeitsmittel: Filzstift oder Redisfeder 1 mm.

Auf die richtige Lage des Buches achten.

Wichtig ist der fließende Charakter der Schrift, die meisten Buchstaben werden geschrieben, ohne die Feder vom Papier abzusetzen.

abcdefghijkl

Narzisse

Oleander

mnopqrsßtuvwxyz

Märzenbecher

Petunie Quendel

6. Basisalphabet Kursive mit der Breitfeder

Übung zu Seite 33f des Lehrbuches, Technik siehe dort. Erst auf liniertem Papier üben.

Arbeitsmittel: breiter Füllfederhalter oder Eintauchfeder 2 mm; man kann auch eine schmalere, aber keine breitere Feder verwenden.

Federstellung: 30° bis 40°.

Die meisten Buchstaben werden geschrieben, ohne die Feder vom Papier abzusetzen. Man achte auf die Gleichmäßigkeit der Buchstaben und ihrer Einzelteile; außerdem auf Richtung, Größe und Spationierung.

abcdefghijkl

Granatapfel

Johannisbeere

mnopqrsßtuvwxyz

Hagebutte Ingwer

Kartoffel Limone

7. Kursive

Schreibtechnik siehe Seite 47 ff des Lehrbuches. Erst auf liniertem Papier üben.

Arbeitsmittel: breiter Füllfederhalter oder Eintauchfeder 2 mm; man kann eine schmalere Feder, aber keine breitere Feder verwenden.

Federstellung: 30° bis 40°.

Die fließende Schreibbewegung sorgt für geschmeidige Buchstabenformen. Mit ihren An- und Abstrichen werden die meisten Buchstaben in einer Bewegung geschrieben. Kursivbuchstaben werden eng aneinandergeschrieben mit Abständen, die dem Zwischenraum zwischen den Beinen des n entsprechen.

abcdefghijk

xyz Gärtner

Imker Lehrer

lmnopqrsſßtuvw

Holzschnitzer

Justizminister

8. Kursivhandschrift

Übung zum Lehrbuch Seite 55f. Erst auf liniertem Papier üben.

Arbeitsmittel: schmale Breitfeder, Füllfederhalter oder Eintauchfeder 1 mm.

Federstellung: 30° bis 40°.

Am Anfang müssen die Buchstaben sehr formell geschrieben werden, später kann man sie nach eigenem Geschmack verändern. Verbindungen, vom Ende des einen Buchstabens zum Anfang des anderen, können von selbst entstehen.

Ihr Lieben! Zum Hochzeitstag möchte

ich Euch sehr herzlich gratulieren.

Vielen Dank für Deinen Brief, Mutter.

Liebe Grüße sendet Dir Dein Johannes

9. Unziale

Für die Schreibweise siehe Seite 56ff des Lehrbuches. Erst auf kariertem Papier üben.

Arbeitsmittel: breiter Füllfederhalter oder Eintauchfeder 3 mm. Eine schmalere oder auch breitere Feder ist möglich, variabel von 2 mm bis 4 mm (bei dieser Buchstabengröße).

Federstellung: 10° bis 30°. Für Rechtshänder ist eine nach rechts abgeschrägte Feder empfehlenswert, dies bei kleinerem Schreibwinkel.

Wichtig ist die Gleichmäßigkeit in den Rundungen der Unzialbuchstaben. Bei größerer Routine können diese auch ovaler werden.

ABCDEF

OPQRST

MOZART

GHIJKLMN

UVWXYZ

ORFF PUCCINI

10. Antiqua

Für die Schreibtechnik siehe Seite 60ff des Lehrbuches. Erst Übungen auf kariertem Papier.

Arbeitsmittel: breiter Füllfederhalter oder Eintauchfeder 2 mm, Federbreite ist variabel.

Federstellung: 30°.

Wichtig ist die Gleichmäßigkeit der Serifen. Man kann auch eine andere Serifenart verwenden, wie im Buch beschrieben ist. Die Buchstaben dürfen sich durch die Serifen berühren, allerdings müssen die Zwischenräume gleichmäßig sein.

abcdefgh

uvwxyz

Turteltaube

ijklmnopqrsßt

Schwein Wolf

Urvogel Viper

11. Rotunda

Schreibweise siehe Seite 68 ff des Lehrbuches. Erst auf kariertem Papier schreiben.

Arbeitsmittel: breiter Füllfederhalter oder Eintauchfeder 2 mm. Eine breitere Feder bis zu 3 mm ist möglich, eine schmalere würde den Charakter der Schrift negativ beeinflussen.

Federstellung: 10° bis 30°, bei kleinerem Winkel ist für Rechtshänder eine nach rechts abgeschrägte Feder zu empfehlen.

abcdefghijk

xyz Zeder

Vogeſeneiche

lmno p q r s ſ ß t u v w

Ysop Xylopia

Ulme Trauerweide

12. Textur

Für die Schreibweise siehe Seite 74 ff des Lehrbuches. Erst auf kariertem Papier üben.

Arbeitsmittel: breiter Füllfederhalter oder Eintauchfeder 1,5 oder 2 mm. Man kann eine breitere, aber keine schmalere Feder verwenden.

Federstellung: 30°.

Zu beachten ist der geringere Buchstabenabstand, der nicht größer als die Fläche zwischen den Beinen des n sein sollte. Dadurch entstehen die benötigten Verbindungen, die Ligaturen zwischen den Buchstaben.

abcdefghijklmno

Altſaxophon

Dudelſack

pqrsſßtuvwxyz

Bratſche Cello

Engliſchhorn Fagott

13. Deutsche Handschrift

Die Schreibtechnik finden wir auf Seite 82 ff des Lehrbuches. Erste Übungen auf liniertem Papier.

Arbeitsmittel: Kalligraphie-Filzstift, breiter Füllfederhalter oder Eintauchfeder, Breite 0,5 mm oder 1 mm. Auch mit Spitzfeder zu schreiben.

Die Buchstaben werden in einer ununterbrochenen Linie geschrieben. Innerhalb eines Wortes wird die Feder nicht oder nur sehr selten vom Papier abgesetzt.

viele schriftsteller

schreiben so viel, daß

ihnen zum denken

keine zeit übrig bleibt